BIBLE

JOURNAL

James A. McCauley

https://www.amazon.com/-/e/B01ITBFMUE
https://www.amazon.com/James-A.-McCauley/e/B01ITBFMUE

Table of Contents

2

The Old Testament

Genesis

Chapter 1

Chapter 2

10

14

Chapter 35

Chapter 36

Chapter 37

Chapter 38

16

Exodus

26

Chapter 32

Chapter 33

Chapter 34

Chapter 35

Leviticus

Chapter 1

Chapter 2

Chapter 23

Chapter 24

Chapter 25

Chapter 26

Chapter 27

Numbers

Chapter 1

Chapter 2

Chapter 7

Chapter 8

Chapter 9

Chapter 10

Chapter 11

Chapter 12

Chapter 13

Chapter 14

40

Chapter 35

Chapter 36

Deuteronomy

Chapter 1

Chapter 10

Chapter 11

Chapter 12

Chapter 13

Chapter 22

Chapter 23

Chapter 24

Chapter 25

Chapter 30

Chapter 31

Chapter 32

Chapter 33

Chapter 34

Joshua

Chapter 1

Chapter 2

Chapter 7

Chapter 8

Chapter 9

Chapter 10

Chapter 15

Chapter 16

Chapter 17

Chapter 18

Judges

Chapter 6

Chapter 7

Chapter 8

Chapter 9

Chapter 10

Chapter 11

Chapter 12

Chapter 13

Chapter 14

Chapter 15

Chapter 16

Chapter 17

Ruth

66

1 Samuel

Chapter 4

Chapter 5

Chapter 6

Chapter 7

Chapter 8

Chapter 9

Chapter 10

Chapter 11

Chapter 16

Chapter 17

Chapter 18

Chapter 19

Chapter 20

Chapter 21

Chapter 22

Chapter 23

Chapter 24

Chapter 25

Chapter 26

Chapter 27

Chapter 28

Chapter 29

Chapter 30

Chapter 31

2 Samuel

Chapter 4

Chapter 5

Chapter 6

Chapter 7

Chapter 8

Chapter 9

Chapter 10

Chapter 11

Chapter 12

Chapter 13

Chapter 14

Chapter 15

Chapter 16

Chapter 17

Chapter 18

Chapter 19

Chapter 20

Chapter 21

Chapter 22

Chapter 23

1 Kings

Chapter 1

Chapter 2

Chapter 7

Chapter 8

Chapter 9

Chapter 10

Chapter 11

Chapter 12

Chapter 13

Chapter 14

Chapter 15

Chapter 16

Chapter 17

Chapter 18

2 Kings

Chapter 4

Chapter 5

Chapter 6

Chapter 7

Chapter 8

Chapter 9

Chapter 10

Chapter 11

Chapter 16

Chapter 17

Chapter 18

Chapter 19

Chapter 20

Chapter 21

Chapter 22

Chapter 23

1 Chronicles

Chapter 10

Chapter 11

Chapter 12

Chapter 13

Chapter 14

Chapter 15

Chapter 16

Chapter 17

Chapter 18

Chapter 19

Chapter 20

Chapter 21

2 Chronicles

Chapter 4

Chapter 5

Chapter 6

Chapter 7

Chapter 8

Chapter 9

Chapter 10

Chapter 11

Chapter 12

Chapter 13

Chapter 14

Chapter 15

Chapter 16

Chapter 17

Chapter 18

Chapter 19

Chapter 20

Chapter 21

Chapter 22

Chapter 23

Chapter 24

Chapter 25

Chapter 26

Chapter 27

Chapter 28

Chapter 29

Chapter 30

Chapter 31

Chapter 36

Ezra

Chapter 1

Chapter 2

Nehemiah

Chapter 1

Chapter 2

Chapter 3

Chapter 4

Chapter 5

Chapter 6

Chapter 7

Chapter 8

Chapter 13

Esther

Chapter 1

Chapter 2

Job

Chapter 1

Chapter 2

Chapter 3

Chapter 4

Chapter 5

Chapter 6

Chapter 7

Chapter 8

Chapter 9

Chapter 10

Chapter 11

Chapter 12

Chapter 13

Chapter 14

Chapter 15

Chapter 16

Chapter 17

Chapter 18

Chapter 19

Chapter 20

Chapter 21

Chapter 22

Chapter 23

Chapter 24

124

Chapter 25

Chapter 26

Chapter 27

Chapter 28

Chapter 33

Chapter 34

Chapter 35

Chapter 36

Chapter 37

Chapter 38

Chapter 39

Chapter 40

Psalms

Chapter 2

Chapter 3

Chapter 4

Chapter 5

Chapter 6

Chapter 7

Chapter 8

Chapter 9

Chapter 10

Chapter 11

Chapter 12

Chapter 13

Chapter 14

Chapter 15

Chapter 16

Chapter 17

Chapter 22

Chapter 23

Chapter 24

Chapter 25

Chapter 26

Chapter 27

Chapter 28

Chapter 29

Chapter 30

Chapter 31

Chapter 32

Chapter 33

Chapter 42

Chapter 43

Chapter 44

Chapter 45

Chapter 46

Chapter 47

Chapter 48

Chapter 49

Chapter 50

Chapter 51

Chapter 52

Chapter 53

Chapter 54

Chapter 55

Chapter 56

Chapter 57

150

Chapter 86

Chapter 87

Chapter 88

Chapter 89

Chapter 90

Chapter 91

Chapter 92

Chapter 93

Chapter 94

Chapter 95

Chapter 96

Chapter 97

Chapter 106

Chapter 107

Chapter 108

Chapter 109

Chapter 114

Chapter 115

Chapter 116

Chapter 117

158

Chapter 118

Chapter 119

Chapter 120

Chapter 121

Chapter 122

Chapter 123

Chapter 124

Chapter 125

160

166

Proverbs

Chapter 3

Chapter 4

Chapter 5

Chapter 6

Chapter 7

Chapter 8

Chapter 9

Chapter 10

Chapter 11

Chapter 12

Chapter 13

Chapter 14

Chapter 15

Chapter 16

Chapter 17

Chapter 18

Chapter 19

Chapter 20

Chapter 21

Chapter 22

Chapter 23

Chapter 24

Chapter 25

Chapter 26

Chapter 27

Chapter 28

Chapter 29

Chapter 30

Ecclesiastes

Chapter 1

Chapter 2

Chapter 7

Chapter 8

Chapter 9

Chapter 10

Song of Solomon

Chapter 2

Chapter 3

Chapter 4

Chapter 5

Chapter 6

Chapter 7

Chapter 8

Isaiah

Chapter 1

Chapter 2

Chapter 3

Chapter 4

Chapter 5

Chapter 6

Chapter 7

Chapter 8

Chapter 9

Chapter 10

Chapter 11

Chapter 12

Chapter 45

Chapter 46

Chapter 47

Chapter 48

Chapter 57

Chapter 58

Chapter 59

Chapter 60

Chapter 61

Chapter 62

Chapter 63

Chapter 64

Chapter 65

Chapter 66

Jeremiah

Chapter 1

Chapter 2

Chapter 3

Chapter 4

Chapter 5

Chapter 6

Chapter 7

Chapter 8

Chapter 9

Chapter 10

Chapter 11

Chapter 12

Chapter 13

Chapter 14

Chapter 15

Chapter 16

Chapter 17

Chapter 18

Chapter 19

Chapter 20

Chapter 21

Chapter 22

Chapter 23

Chapter 24

Chapter 25

Chapter 26

Chapter 27

Chapter 28

Chapter 29

Chapter 30

Chapter 31

Chapter 32

Chapter 33

Chapter 34

Chapter 35

Chapter 36

Chapter 37

Chapter 38

Chapter 39

Chapter 40

Chapter 41

Chapter 46

Chapter 47

Chapter 48

Chapter 49

Chapter 50

Chapter 51

Chapter 52

Lamentations

Chapter 1

Chapter 2

Chapter 3

Chapter 4

Chapter 5

Ezekiel

Chapter 1

Chapter 2

Chapter 3

Chapter 4

Chapter 5

Chapter 6

Chapter 7

Chapter 8

Chapter 9

Chapter 10

Chapter 11

Chapter 12

Chapter 13

Chapter 14

Chapter 15

Chapter 16

Chapter 17

Chapter 18

Chapter 19

Chapter 20

Chapter 21

Chapter 22

Chapter 39

Chapter 40

Chapter 41

Chapter 42

Chapter 43

Chapter 44

Chapter 45

Chapter 46

Chapter 47

Chapter 48

Daniel

Chapter 1

Chapter 2

Chapter 3

Chapter 4

Chapter 5

Hosea

Chapter 1

Chapter 2

Chapter 3

Chapter 4

Chapter 5

Chapter 6

Chapter 7

Chapter 8

Chapter 9

Chapter 10

Chapter 11

Chapter 12

Joel

Chapter 2

Chapter 3

Amos

Chapter 1

Chapter 2

Chapter 3

Chapter 4

Chapter 5

Obadiah

234

Jonah

Chapter 3

Chapter 4

Micah

Chapter 1

Chapter 2

Chapter 3

Chapter 4

Chapter 5

Nahum

Habakkuk

Chapter 2

Chapter 3

Zephaniah

Chapter 1

Haggai

Zechariah

Chapter 3

Chapter 4

Chapter 5

Chapter 6

Chapter 7

Chapter 8

Chapter 9

Chapter 10

Malachi

Chapter 1

Chapter 2

Chapter 3

Chapter 4

The New Testament

Matthew

Chapter 3

Chapter 4

Chapter 5

Chapter 6

Chapter 7

Chapter 8

Chapter 9

Chapter 10

Chapter 11

Chapter 12

Chapter 13

Chapter 14

Chapter 15

Chapter 16

Chapter 17

Chapter 18

Chapter 19

Chapter 20

Chapter 21

Chapter 22

Chapter 23

Chapter 24

Chapter 25

Chapter 26

Chapter 27

Chapter 28

Mark

Chapter 1

254

Chapter 2

Chapter 3

Chapter 4

Chapter 5

Chapter 10

Chapter 11

Chapter 12

Chapter 13

Luke

Chapter 1

Chapter 2

Chapter 3

Chapter 4

Chapter 5

Chapter 6

Chapter 7

Chapter 8

Chapter 9

Chapter 10

Chapter 11

Chapter 12

Chapter 17

Chapter 18

Chapter 19

Chapter 20

John

264

Chapter 1

Chapter 2

Chapter 3

Chapter 4

Chapter 5

Chapter 6

Chapter 7

Chapter 8

Chapter 9

Chapter 10

Chapter 11

Chapter 12

Chapter 17

Chapter 18

Chapter 19

Chapter 20

Acts (of the Apostles)

Chapter 1

Chapter 2

Chapter 3

Chapter 4

Chapter 5

Chapter 6

Chapter 7

Chapter 8

Chapter 9

Chapter 10

Chapter 11

Chapter 12

Chapter 13

Chapter 14

Chapter 19

Chapter 20

Chapter 21

Chapter 22

Chapter 23

Chapter 24

Chapter 25

Chapter 26

Chapter 27

Chapter 28

Romans

Chapter 1

Chapter 2

Chapter 3

Chapter 4

Chapter 5

Chapter 6

Chapter 7

Chapter 8

Chapter 9

Chapter 10

Chapter 11

Chapter 12

Chapter 13

Chapter 14

Chapter 15

Chapter 16

1 Corinthians

Chapter 1

Chapter 2

Chapter 3

Chapter 4

Chapter 13

Chapter 14

Chapter 15

Chapter 16

2 Corinthians

Chapter 4

Chapter 5

Chapter 6

Chapter 7

Galatians

Chapter 2

Chapter 3

Chapter 4

Chapter 5

Chapter 6

Ephesians

Chapter 1

Chapter 2

Chapter 3

Chapter 4

Chapter 5

Chapter 6

Philippians

Chapter 4

Colossians

Chapter 1

Chapter 2

1 Thessalonians

Chapter 2

Chapter 3

Chapter 4

Chapter 5

2 Thessalonians

1 Timothy

2 Timothy

Chapter 1

Chapter 2

Chapter 3

Chapter 4

300

Titus

Philemon

Chapter 1

Hebrews

Chapter 1

Chapter 2

Chapter 3

Chapter 4

Chapter 5

Chapter 10

Chapter 11

Chapter 12

Chapter 13

James

Chapter 1

Chapter 2

Chapter 3

1 Peter

Chapter 2

Chapter 3

Chapter 4

Chapter 5

2 Peter

1 John

2 John

3 John

Chapter 1

Jude

Chapter 1

Revelation

Chapter 8

Chapter 9

Chapter 10

Chapter 11

Chapter 12

Chapter 13

Chapter 14

Chapter 15

Chapter 16

Chapter 17

Chapter 18

Chapter 19

Chapter 20

Chapter 21

Chapter 22

James A. McCauley
https://www.amazon.com/-/e/B01ITBFMUE
https://www.amazon.com/James-A.-McCauley/e/B01ITBFMUE